A DIBUJAR

De Rodolfo Villicaña

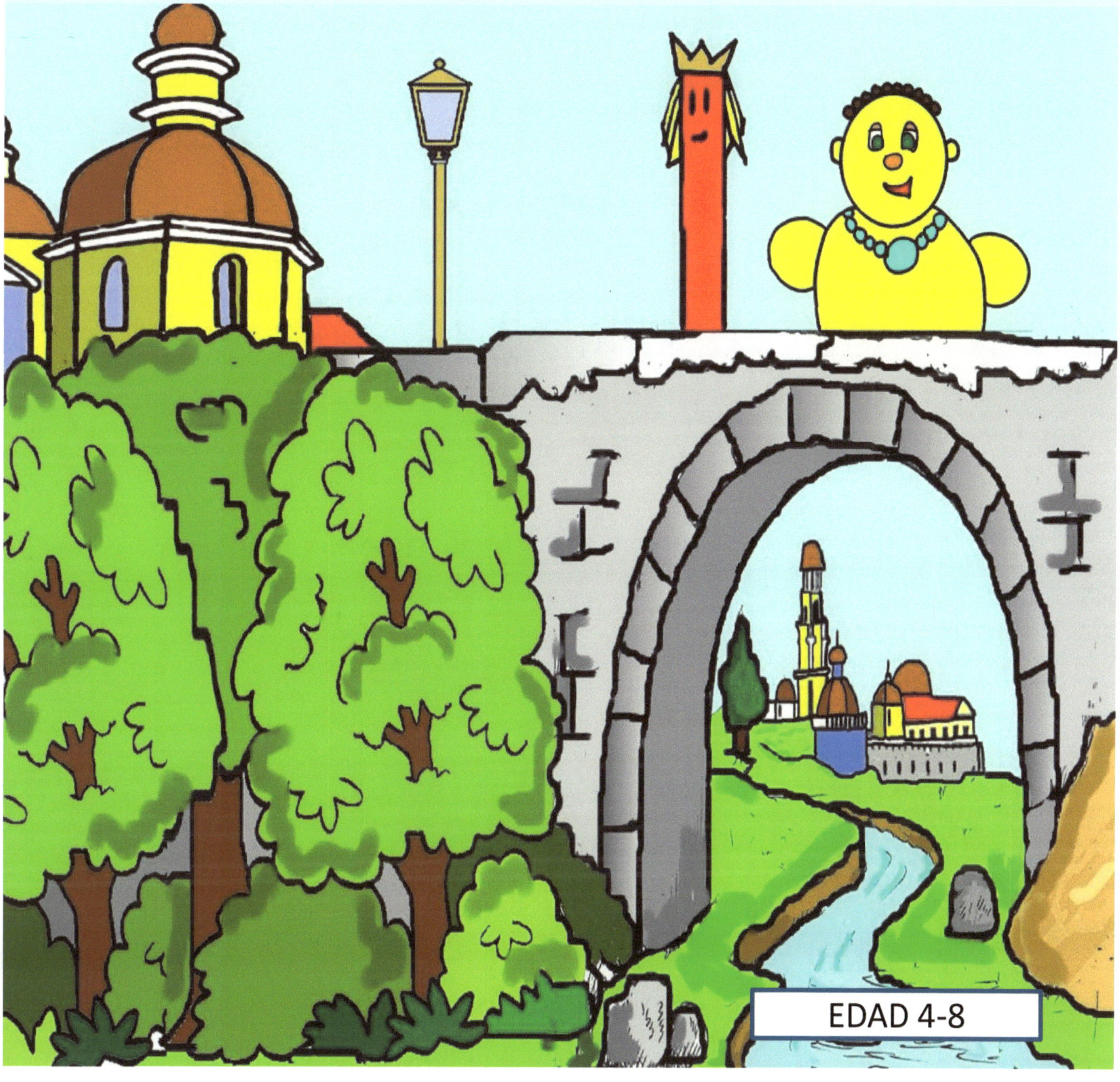

EDAD 4-8

Cuento

A DIBUJAR

www.math2kids.com

Descubre como las lineas trabajando en equipo cambiaron y mejoraron su mundo

Autor Rodolfo Villicaña

En un principio, en el mundo de las líneas y las figuras solo existían las líneas rectas. Y se llaman así porque siempre están bien derechitas.
Al inicio solo había dos tipos de líneas rectas: las líneas horizontales, que siempre están acostaditas, y las líneas verticales, que siempre están paraditas.

El reino de las líneas verticales siempre se veía de esta manera.

Mientras que el reino de las líneas horizontales siempre se veía así.

Un día, los reyes de los dos reinos decidieron trabajar juntos para formar un mundo mejor.

Y así, cuando se juntaron dos líneas verticales con dos líneas horizontales del mismo tamaño se formaron los cuadrados.
Mientras que cuando se juntaron dos líneas verticales con dos líneas horizontales de diferente tamaño se formaron los rectángulos.

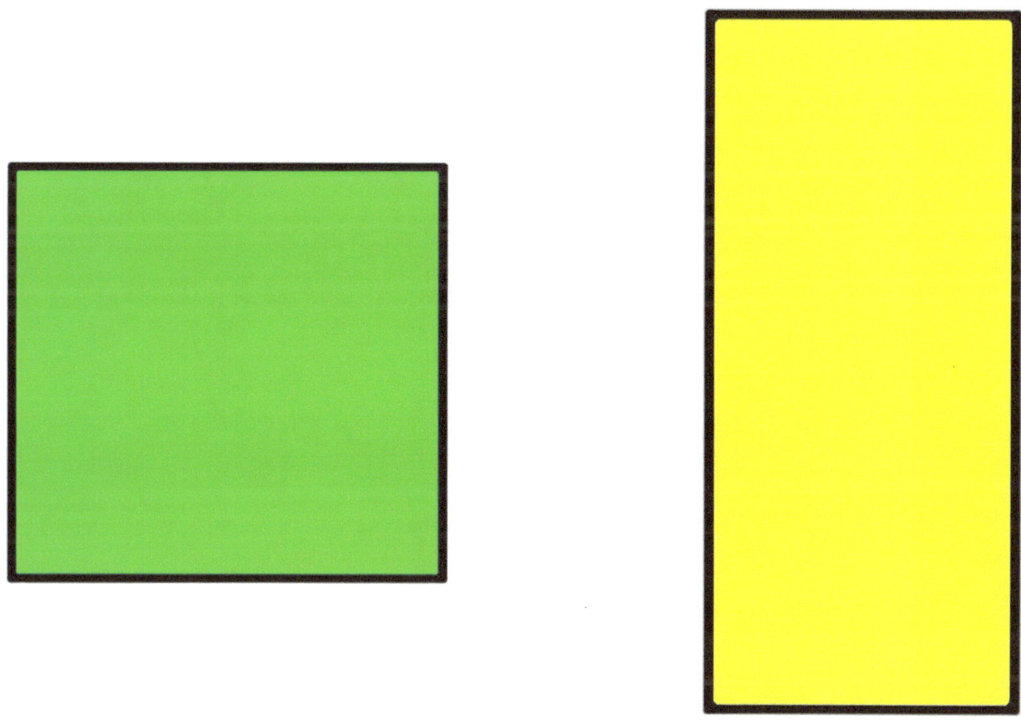

Pronto su mundo mejoró y comenzó a verse de la siguiente forma.

Las líneas verticales comenzaron a casarse con las líneas horizontales. Y pronto tuvieron hijos que tenían un poco de vertical y un poco de horizontal. A estas nuevas líneas les llamaron líneas inclinadas.

Con la llegada de las líneas inclinadas comenzaron a formar muchas figuras diferentes que antes no existían. ¡ Pronto aparecieron los triángulos, los trapecios, los pentágonos, los hexágonos, … y muchas figuras más!.

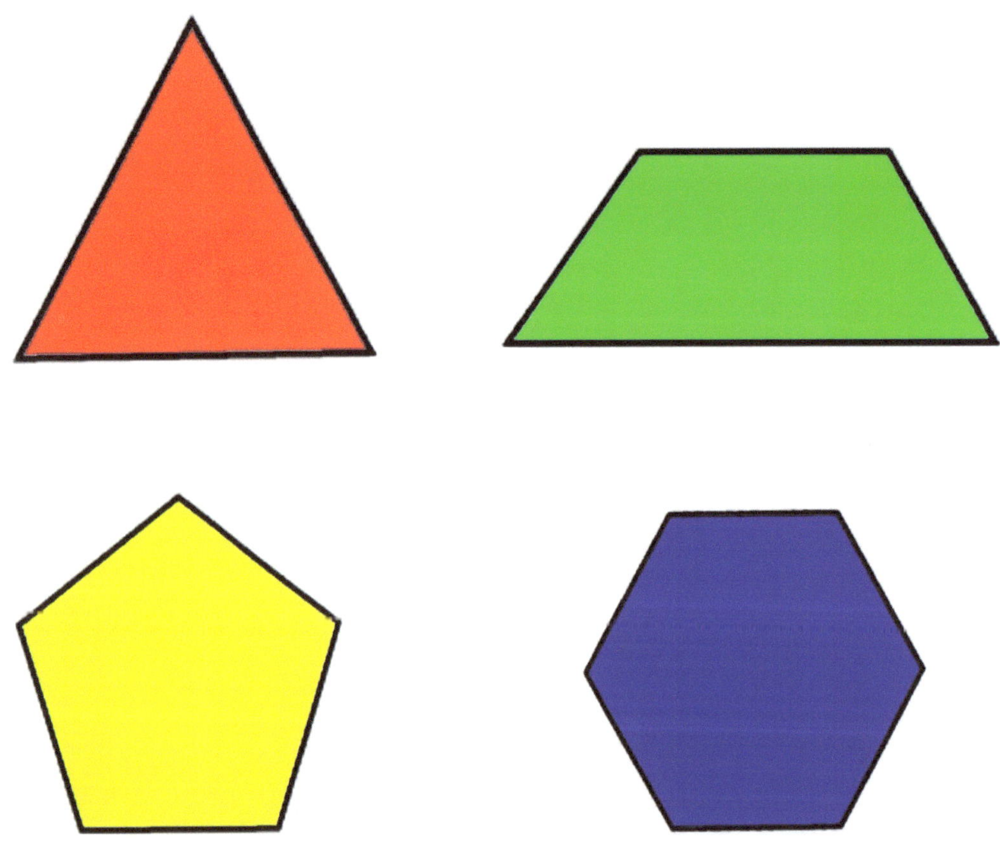

¡ Y su mundo comenzó a transformarse en un mundo más bello y rico. En poco tiempo su mundo empezó a verse de esta forma !:

Pronto, entre todos decidieron construir cosas que nunca antes habían hecho. Entre otras cosas hicieron barcos, con los cuales pudieron viajar muy lejos a lugares a los que nunca antes habían ido.

¡ Un día, en uno de esos viajes lejanos descubrieron
un mundo nuevo, un mundo fantástico que las líneas
rectas nunca se habían imaginado. Habían llegado al
mundo de las líneas curvas !.

En el mundo de las líneas curvas el rey era el Círculo.
El círculo es una figura geométrica perfecta, que del
centro de su cara tiene la misma distancia hacia
cualquier parte de su cara exterior.

Las líneas curvas recibieron con gran alegría y admiración a sus extraños visitantes. Nació así una gran amistad.

Antes de partir a casa, las líneas rectas le pidieron al rey Círculo que les permitiera llevar en su barco a algunas líneas curvas, así como algunas frutas exóticas que tanto les habían gustado. Querían que los reyes de las líneas rectas conocieran algo de este nuevo mundo.

Los reyes de las líneas rectas quedaron fascinados por la belleza de las líneas curvas. Así que mandaron una nueva expedición al mundo de las líneas curvas, para invitar al rey Círculo a conocer el mundo de las líneas rectas.

Y de esta visita surgió un pacto. Las líneas rectas y las líneas curvas se unirían y trabajarían juntas para formar un mundo mejor y más bello. ¡ El mundo que ahora tu disfrutas cuando dibujas !.

Fin

NIVEL DE LECTURA DE ESTE CUENTO
Cada niño aprende de diferente manera y a diferente velocidad

Lectura del cuento realizada por el maestro	K-1
Lectura compartida Lectura de palabras repetitivas y lenguaje básico	NA
Lectores principiantes Lectura realizada por el estudiante de oraciones sencillas con palabras familiares	NA
Lectura con ayuda: Lectura de oraciones largas y con poca ayuda	K-1
Lectura sin ayuda Lectura independiente y con oraciones y vocabulario mas complejo	1-2
Lector avanzado: Puede leer solo capiíulos completos	1-3

Otros cuentos de Matemáticas de la colección de **Math** 2 kids

www.math2kids.com

1.- Uno
2.- Luna llena
3.- Los 3 amigos
4.- Los 3 amigos brincan en la cama
5.- Los colores de la granja
6.- Los 3 amigos y el feroz borrador
7.- Los 3 amigos van a pescar
8.- La tropa
9.- Los 5 exploradores
10.- Vamos al parque de diversiones
11.- El primer día de escuela
12.- ¿ Y dónde está el hamster ?
13.- Los números van en orden
14.- El orden es importante
15.- ¿ Cómo se escribe mi nombre ?
16.- El día de tomarse la foto.
17.- Gráfica de barras
18.- El cumpleaños del número Uno
19.- Patrones de colores
20.- Nuestro amigo el Cero
21.- El mundo de las figuras
22.- El círculo es importante
23.- Invitemos a jugar a las figuras
24.- Un desfile de figuras
25.- Un mundo de colores
26.- Dibujando con figuras
27.- La Cerocienta
28.- El uno que es una decena
29.- Un viaje al país de las decenas
30.- El día 100 de la escuela
31.- Clasificando alimentos
32.- 1, 5, 10 y 25 centavos
33.- Los números juegan al reloj
34.- Más y Menos
35.- El signo Igual
36.- Apreniendo a sumar
37.- Sumando es mejor
38.- Mayor y menor que
39.- Nones contra pares
40.- Medidas
41.- Jugando a medir
42.- La fiesta de disfraces

43.- Los números van de paseo
44.- Para cambiar el autobús
45.- Jugando con el domino
46.- Jugando a la tiendita
47.- Dieznieves y los 7 enanos
48.- Cuando eran más altos
49.- Los 3 deseos de Pedro
50.- Un cuento de números
51.- El valor según su posición
52.- El poder del número 10
53.- Tabla mágica
54.- Los números romanos
55.- Dosperucita Roja
56.- Una carrera para contar
57.- La historia del calendario
58.- Las estaciones del año
59.- Como usar el calendario
60.- La historia del reloj
61.- El Cinco aprende a multiplicar
62.- Aprendiendo a usar el reloj
63.- ¿ Cómo se inventó el dinero ?
64.- Un centavo muy trabajador
65.- Un regalo inesperado
66.- Aprende a dividir de una manera
    divertida en una semana
67.- Multiplicando con manipulativos
68.- Cuento para multiplicar
69.- ¿ Y qué es el perímetro ?
70.- Fué un cuento medir ese terreno
71.- Cómo calcular cualquier área
72.- Un pastel para Milly
73.- El diagrama de Venn
74.- Las coordenadas de un cuento
75.- Las fracciones de un cuento
76.- Mitades, cuartos y octavos
77.- Sumando fracciones
78.- Un viaje inesperado
79.- El día que ganamos la lotería
80.- Es un juego de probabilidades
81.- Cómo multiplicar sí no te sabes las
    tablas de multiplicar.
82.- ¿ Y que operción tengo que usar ?

Próximas publicaciones en Amazon

Gracias
por leer nuestros cuentos

Cada semana, durante el ciclo escolar, publicaremos un cuento nuevo en Amazon en forma de e-book y en papel. Agradecemos los comentarios que puedan hacer en Amazon.

Para obtener más información visite:

www.math2kids.com

E-mail

contact.math2kids.com

Math 2 kids

La mayor colección de cuentos de Matemáticas

Una manera fácil y divertida de aprender

Math 2 kids

www.ingramcontent.com/pod-product-compliance
Lightning Source LLC
Chambersburg PA
CBHW042123110726
48006CB00003B/740